Pr-esencia

Pr-esencia

Esencia de presencia

Autor: José Atanasio Cañadas Albarracín

Pr-esencia

Pr-esencia

Esencia de presencia

Pr-esencia

©2015 José Atanasio Cañadas Albarracín

ISBN libro impreso:978-84-608-4108-1
ISBN ebook:978-84-608-4112-8
Depósito legal: MA-649-2015

Impreso en España- Printed in Spain

Pr-esencia

Te invitamos a vivir la aventura de leer el texto sin saber qué te vas a encontrar. Abriéndote a la posibilidad de que pudiera ser que ocurriese cualquier cosa. Sin saber qué va a venir a continuación, pero estando dispuesta/o a vivirlo.
Por ese motivo pondremos el índice del texto al final. Deshaciendo la estructura que te pudiera condicionar a juzgar previo a la lectura.

Pr-esencia

Pr-esencia

Este texto no tiene objetivo en sí mismo, surge de la creencia de la existencia, de una creencia de inquietud, que en sí mismas no son nada.

Siempre Gracias.

Pr-esencia

No siempre es buen momento para leer este texto.

No pretendo contar la historia de mi vida. Pero para poder acercar varios conceptos, sentidos, relacionados con nuestra vida y basados en la desestructuración mental, voy a tener que daros algunos datos.

Es posible que no consiga trasmitir bien todos los conceptos. Por eso dejo un correo electrónico al final del texto, para que preguntéis dudas, mandéis opiniones o pongáis lo que más os guste.

Mi educación ha sido básicamente racional, en un entorno mixto. Tradicional por mi madre y quizás un poco fuera de lo habitual por mi padre y su profesión.

Tuve una infancia corriente, a excepción de que a los dos años estuve a punto de morir por una parasitosis intestinal rara. Que como podréis imaginar, superé .

Aparte de esto, no tuve grandes traumas, que no fueran la pérdida de seres cercanos.

A los 10 años, mi padre me animaba a cierto tipo de lecturas inusuales (Carlos Castaneda, Lobsang Rampa, manuales de digito-puntura, etc.) que lógicamente por mi corta edad absorbía pero no llegaba a metabolizar.

Si un rasgo marcó mi personalidad de forma que condicionó mi desarrollo personal y actitudes ante la vida fue sin duda la inseguridad. Ésta se veía acentuada por el alto nivel de sensibilidad (mal gestionada). Consciente de que esta sensibilidad me hacía daño y condicionaba mi forma de vivir, opté por no rechazarla e incluso con el tiempo, aprendí a trabajarla para que fuera una característica predominante y jugara a mi favor. Me alegra haberlo hecho, pues cuando aprendí a gestionarla, se convirtió en la herramienta más poderosa que siento tener y el pilar de mi "seguridad".

Lógicamente siempre me han llamado la atención las personas

seguras de sí mismas, las observaba esperando encontrar una pauta común para resolver el problema.

Debido a mi educación, llegué a pensar que obtendría seguridad por el estatus, terminar los estudios, la licenciatura, la formación en el extranjero, conseguir un trabajo, tener un coche, etc.

Pronto descubrí que tampoco así me sentiría seguro del todo, quizás ocasionalmente y siempre a causa de algún reconocimiento externo y explícito procedente del trabajo o cualquier otro agente exterior.

Siguiendo la planificación prevista de mi vida, una amiga de mi hermana llegó a comentarme que quizás me hacía falta casarme y tener un hijo, cosa que estaba fuera de mis planes en ese momento, así que decidí ignorar el consejo... No sentía que fuera mi camino.

Es curioso, pero más tarde comprendería que en parte tenía razón. La naturaleza salvaje va pidiendo cubrir etapas. Y te va dando mensajes para que cumplas una función fisiobiológica, que al final es esencia en sí misma.

Este tema es muy interesante. Las etapas de la vida y la fisiobiología asociados a la seguridad personal. Pero no voy a entrar en él.

Lo que realmente me interesa es tratar la seguridad de un individuo y su integración, enfocado desde un punto de vista de esencia, de origen.

Posiblemente no lo voy a enfocar como pudiera ser que fuera que cualquier persona esperase.

Así que quedaros atentos.

Este documento, con el que os habéis topado, va enfocado a des-estructurar conceptos, sentirlos, redefinirlos y **permitirnos ser lo que realmente somos y no lo que creemos que somos.**

Os adelanto que requiere una actitud abierta, algo que **no** estamos acostumbrados a usar.

Puede ser que muchos recibáis la información y que **no sea el**

momento adecuado, porque no estéis receptivos, o porque tengáis otra cosa en la mente que no os permita deshacer vuestros pensamientos.

No os preocupéis, es normal. A mí también me ha pasado. En este sentido os recomiendo dejar la información cerca, hasta que llegue el momento en que realmente puedas disfrutarla.

Recordad, el modelo de trabajo va a ser:

1)   Pensar.
2)   Deshacer los pensamientos.
3)   Sentir (en esencia).
A partir de aquí, **vamos a dejar que ocurra cualquier cosa.**

Las aportaciones que queráis hacer, por favor, enviarlas al correo esenciapresencia35@gmail.com

Pr-esencia

El amor

Pr-esencia

Concepto de amor.
All you need is love!!!

Me encanta esta frase, la vi ayer en la camiseta de una chica (la vida te habla). Refleja exactamente lo que esperamos del amor y lo que significa en nuestras vidas, el concepto de amor en que hemos crecido.

Significa que con amor todo lo demás sobra. Que con amor ya eres pleno. Que es lo más importante de nuestras vidas. Pero también significa que si no lo tienes, has de buscarlo fuera.

Este es el punto de partida pensado. A partir de ahora entramos en un proceso no habitual en nuestros esquemas. **Recuerda nuestro esquema de trabajo: Pensar, deshacer pensamientos, sentir (en esencia) y ver qué ocurre.**

Como pretendemos definir el concepto, intentamos clasificar, determinar o delimitar lo que es en esencia un ente, es decir, comenzamos el principio bajo un error primario: pensando.

Pero si lo que tratamos de definir es la esencia, tendremos la dificultad de definir la esencia de la esencia. Especialmente si es algo ilimitado. Por este motivo, podemos decir que AMOR es:

Esencia perceptible, no pensable, unicista.

Julio dice que esto no existe. (Gracias Julio) y sin embargo no entiende julio con minúsculas (gracias Julio).

Cualquier intento de definir un concepto no pensable es alejarse del propio concepto.

Como podéis ver, empezamos fuerte. Rompiendo esquemas mentales.

Si es no pensable, todo lo interpretado en nuestra vida, no debe estar muy cerca. Salvo que sea sólo sentimiento. Además, si es unicista, nunca vas a encontrar el amor fuera, simplemente está en todo, empezando por uno mismo. Y si lo buscas fuera es que crees que no lo tienes dentro.

Vamos a seguir profundizando.

El amor tal y como lo vivimos:

En líneas generales, podemos decir, que el amor tal y como lo vivimos, es una estructuración mental de una esencia. Por lo tanto, al ser una estructura mental, es algo totalmente apartado de la esencia. Salvo por el cosquilleo que sentimos en el estómago.

El símil, mar y amor.

Para que podamos acercarnos al concepto, proponemos el símil del MAR (agua) y EL AMOR.

El Mar (agua), en su inmensidad se aproxima a la ESENCIA (EL AMOR) pudiendo acercarse al concepto UNICiSTA, porque está presente en todo incluso en distintos estados vibracionales, sólido, líquido y gaseoso. Podemos considerar que en si mismo es esencia (sobre este enfoque nos podrían argumentar en contra que es la combinación de dos átomos de hidrógeno con uno de oxígeno), además de ser esencia de vida. Al igual que el amor, el agua es sentible, percibible y palpable, al menos con total claridad en su estado sólido y líquido, existiendo alguna dificultad en su percepción es entado gaseoso.

La única variable que no coincide con el concepto de amor es que es pensable. Por este motivo nos sirve para entender mejor el concepto de amor.

Desde el punto de vista pensado, al plantearme el símil mar-amor y sentir que la esencia agua puedo pensarla en tres estados distintos, me cuestiono si pensando existen tres estados (o más) de amor; y si aplico nuestro proceso de trabajo, pensar, deshacer pensamientos, sentir y ver que ocurre, me encuentro con: el amor en estado sólido pudiera ser el conflicto del EGO, es decir la separación. En estado líquido el fluir en presencia. Y por último, en estado gaseoso....la integración. Más tarde profundizaremos en este concepto que siento lleno de matices.

El nacimiento. La "separación".

Si el amor está en todo, y somos uno, cuando nacemos es como si se llenase un bote con agua de mar y se "separase" de su esencia. Sintiéndonos separados siendo la misma esencia. Y sin realmente estar separados, ya que el agua está en todo. Incluso en el aire que creemos que nos separa.

El concepto bote no es más que el cuerpo físico; la estructura molecular con forma que nos creemos que es distinta y separada, mientras que la esencia, agua, es la misma.

El amor pensado. El amor desde la separación. Estoy locamente enamorada/o.

Continuando con el símil mar-amor. Vislumbramos o vibramos el concepto de amor desde la distancia, cuando acercamos dos botes de agua de mar y se reconocen como UNO (unidad). Esto sería

equivalente a la sensación de enamorarse locamente de alguien.
Es curioso observar que reconocemos el amor como algo loco, no racional, no pensado. Te enamoras y lo demás pierde sentido, entonces te permites enamorarte cuando no piensas. Si piensas, no te enamoras....... Si piensas la relación, no te enamoras.

> **Y lo que entendemos por amor no es más que el reconocimiento vibracional de la esencia que creemos separada.**
>
> **Este concepto no tiene nada de racionalidad, nada pensado.**

Me gusta mucho este concepto (además de reconocerlo en mi vida), imaginaros o recordad, cuando os enamoráis locamente de alguien y esa persona no os correspondía, ¿podías ver los esquemas mentales que le impedían que fuera recíproco?, O visto desde el punto de vista inverso, cuando alguien se enamoraba locamente de vosotra/os ¿podías sentir tus esquemas mentales/ pensamientos que te distanciaban de la persona enamorada?
¿Veis el enfoque sentido y el enfoque pensado?

Liberación.

Después de ver el concepto de amor desde la separación, no puedo más que intercalar un concepto asociado a este enfoque.

> **La liberación, que podemos definir como el reconocimiento de la esencia amor en todo.**

Sintiendo el concepto de amor, como amor loco, sin pensar.

Este concepto ayuda a deshacer el plano mental, con un enfoque tan sencillo que permite asimilar la esencia de manera inmediata y de una manera que podemos entender o mejor dicho que podemos reconocer. Ya que no es pensable, sino que sólo es sentible.

Me llama la atención que siempre había considerado que la liberación era calma, equilibrio y la paz. Sin embargo al sentir este concepto, siento, veo, percibo que se trata de una situación tremendamente estimulante, intensa, descontrolada y abierta a lo que ocurra en cada momento, desprovista de miedo, juicio, ya que estos son conceptos mentales que no existen en este estado (permitidme que vuelva a resaltar el matiz de sensación intensa, descontrolada, desbordante, estimulante, sin límites). Me recuerda a la sensación de vivir un viaje no programado.

El amor desde la separación asociado a la procreación. La experiencia de amor más grande que existe.

Ya hemos visto la forma en que "dos botes de agua," sin pensar, se reconocen como uno en esencia. Pero hay otro formato de experiencia más intensa que es el amor madre hija/o. Y lo vamos a plantear bajo los mismos parámetros.

El hecho de mezclar el contenido de dos botes (agua) y que surja un tercer bote pequeñito (vida), nos vuelve a acercar al concepto de amor, siendo este caso un acercamiento a la esencia en estado más puro. Este sería el caso de la procreación y el sentimiento de amor materno-filial en la distancia. Pero volvemos a sentir la no racionalidad en este instante.

Entiendo que si has tenido la experiencia puedes saber a qué me refiero, siempre que tu cabeza te lo haya permitido. Existen casos de rechazo de una madre a su hija/o, y podríamos observar que se repite el programa de estructuración mental complicada. Es decir, relaciones con exceso de pensamientos.

También podemos enfocarlo desde el punto de vista de un bebé, y la actitud, la adoración que tiene con sus padres (esta podría ser una experiencia de amor más pura que la de la madre con su hijo). Al no pensarlos se permite sentirlos y todo le parece maravilloso, hasta qué.....empieza a pensar. Momento en que comienza a crearse una distancia entre los hijos y los padres.

Este enfoque también se encuentra muy ligado a la naturaleza salvaje del ser como animal.

La creencia de tener que retener algo que creemos fuera de nosotros. El conflicto en el amor.

¿Si el amor es uno, por qué existen conflictos de amor?

Es curioso, por amor se han hecho guerras. ¿Por qué precisamente el amor puede generar actuaciones tan contrarias a su naturaleza?

Racionalizar este acercamiento vibracional a la esencia nos conmueve y nos justifica la **intención de posesión de algo que ya es en esencia UNO, pero que al pensarnos separados, intentamos atrapar.** (Amor **pensado con tendencia a retener, por pensarlo separado**).

El engaño de nuestra mente, que nos crea una intención de posesión.

Intención de poseer algo que no se puede poseer, por ser UNO.

> Luego **las guerras** no **surgen** por falta de amor, sino **por intención de posesión de algo que creemos distinto de nosotros y que es lo mismo. Distancia que sólo existe en nuestra racionalidad**, en nuestra mente.

Vemos que es como si fuera una trampa de nuestra mente. Amo, siento amor, lo percibo separado de mi, intento retenerlo y al intentar retenerlo genero más distancia.

Reconocer como real la separación, retroalimentar la separación. (la trampa de la trampa).

De esta forma, lo que hacemos es apartarnos de la esencia. Curioso, nuestro intento de acercarnos al ser racional, nos aparta de la esencia a un concepto "pensamiento de la esencia" que interpretamos como real. Y de aquí la confusión de términos.
Luego vivimos una "realidad" separada de su origen.
El concepto de amor tal y como lo vivimos y la esencia AMOR, no coinciden.

Pr-esencia

Conceptos

Una vez profundizado en el concepto de amor, vamos a indagar en otros conceptos que nos pueden servir para entender el proceso de deshacer qué estamos sintiendo.

Pr-esencia

Esto nos lleva a indagar el "concepto" VIDA

Cuando nacemos, es como si apartaras una dosis de esa esencia metida en un bote que configura su estructura orgánica y morfológica, que aún siendo esencia, se integra en un proceso de estructuración morfológica, física y mental, que podemos sentir como campos vibracionales pensados. A esto podemos llamarlo "vida racional", "vida pensada".

Esas estructuras mentales que configurarán al ser como individuo distinto, pueden venir programadas o adquirirlas educacionalmente, distinguiendo esta vibración (vida racional) de la no pensada que es VIDA.

El pensamiento racional, la evolución raciocinio, pasa a ser **un error de la naturaleza** que nos lleva a pensarnos distintos de la esencia. Por ello distinguimos dos visiones de la VIDA, **la VIDA en esencia que es la presencia vibracional instantánea, la de la flor, y la vida pensada que no es más que la creencia de nuestra presencia.**

Por ejemplo:

Me levanto, me ducho, me visto, desayuno y salgo a trabajar. (VIDA) siendo un concepto flujo-vibracional-presencia integrado unicista. No existe sola.

Me levanto, me ducho pero no soy consciente de ello porque mis pensamientos ocupan mi presencia. Me visto pero no soy consciente de ello porque mis pensamientos ocupan mi presencia. Desayuno pero no soy consciente de ello porque mis pensamientos ocupan mi presencia y salgo a trabajar pero no soy consciente de ello porque mis pensamientos ocupan mi presencia. (VIDA PENSADA). Si es sola.

Aquí habría que plantearse una cuestión: ¿es la vida y el amor lo mismo? ¿Qué relación hay entre estos dos conceptos?

Puffff!!! Al ser unicista ambas tienen que ser lo mismo. Al ser esencia... No sé, desde mi mente no consigo percibir la diferencia de esencia amor y esencia vida. Por este motivo no puedo opinar. Al ser no pensable, en ambos casos tenemos un amor pensado, una vida pensada y un amor no pensado y una vida no pensada.

El amor se siente, la vida se respira.

La respuesta a este planteamiento la vamos a tener que dejar para más tarde, posiblemente surja antes de que cierre la edición, o tal vez no. Se aceptan aportaciones por correo electrónico. En cualquier caso no importa.

La vida es esto, incertidumbre hasta que ocurre lo que tenga que ocurrir. Y.... estoy dispuestísimo a vivirla. Y encantado de compartirla. Gracias por estar ahí.

¡Ya! ¡Ya! ¡Ya!, Pensar, deshacer pensamiento, sentir y....

La VIDA es:

---

la vibración pulsante de la esencia.

No creo que tengamos que decir mucho más de este concepto, cada vez que lo leo, repaso o miro, lo siento completo y lleno de sentido. Se puede aplicar a todos los campos. Puedo hasta entender por qué crecen las plantas, las flores y todos los seres. Sólo tengo que sentir la esencia, percibir la configuración vibracional, la frecuencia y lo que es más importante de este concepto, LA PULSACION. Sentir la pulsación de la esencia en una estructura vibracional, sea en la frecuencia que sea, no sé cómo explicarlo, pero esto es la vida.

LA MUERTE

Concepto duro, que nos enseñan a rechazar y a evitar. Es como la conclusión inevitable de la que huimos desde que nos levantamos hasta que nos acostamos. Frases como "no mentes la muerte" (no nombrar la muerte). "A ver si te matas". Hay enfermedades, que sólo nombrarlas, están estigmatizadas por su asociación a la muerte, como es el caso del Cáncer.

¡¡¡Cuando llega la muerte!!!

Este es otro concepto para trabajar.

Hasta qué punto llega la creencia de la separación, que cuando llega el momento de la integración (muerte) la rechazamos y sufrimos considerándola el fin de la existencia.

Claro, tendríamos que matizar que **el fin de la existencia no es más que el fin de la distancia. Y llegamos a rechazar la Unidad.**

MUERTE=INTEGRACION EN LA UNIDAD

Entonces, ¿la muerte es vida? ¿Es amor?

La muerte es integración en la esencia, fin de la distancia, o incluso, cambio de frecuencia vibracional integrada.

¿Tú qué sientes?

Podríamos plantearlo como la desaparición de la pulsación en la configuración vibracional que llamamos cuerpo. Siendo frecuencia vibracional y esencia, en un momento determinado, se desconecta de la palpitación de la esencia, posiblemente por el simple hecho de algo que no estamos teniendo en cuenta ocurre. Puede ser que se trate del concepto naturaleza salvaje.

Y utilizando el sujeto de la última pregunta, nos acercamos al concepto EGO.

EGO
Creemos que se llama EGO

Siempre me enseñaron que una persona que tiene mucho ego, es la que sólo piensa en ella misma, la que se cree que es mejor que los demás, el que "va de sobrado".

Con la experiencia he visto que el ego no es patrimonio del chuleta. El ego puede presentar cualquier formato de persona, desde la que se cree la reina del mundo, hasta la que se arrastra como víctima del universo.

Existen muchos mecanismos que pueden servir para crear distancia. Más tarde los analizaremos uno a uno.

El pensamiento racional nos aleja.

> **Esta distancia que creemos que se genera entre la esencia y la presencia pensada (lo que me creo que soy) es lo que creemos que se llama EGO.**

Luego podemos decir que el Ego se configura con un doble bloqueo de creencias (posiblemente en algunos casos sea más que doble, múltiple). Primero me creo que soy algo y segundo me creo que hay una distancia entre lo que creo que soy y lo que soy en esencia.

Al generarse este doble bloqueo, es como si se configurase "algo" de lo que parece que no se puede escapar. Al no identificar el doble bloqueo, si tratamos de deshacer uno sólo de ellos, en ningún caso vamos a avanzar.

Es curioso, somos tan complicados para configurar el Ego (a nivel inconsciente) y muy simples para intentar salir de él. Por este motivo no conseguimos salir de nuestra configuración.

Pr-esencia

Atentos a esta frase:

La presencia de la distancia en la Presencia puede tender a la esencia o a la distancia.

Esta frase quiere decir que existiendo el EGO en el momento presente, **podemos decidir si voy a mi esencia o mantengo la distancia.** Es importante tener en cuenta esto para que sepamos que lo que decidamos hacer con nuestras vidas, sólo depende de nosotros. Y que con absoluta seguridad, podemos decidir nuestro camino: El de la distancia o el de la esencia; el de pensar tu vida o vivirla en presencia.

Los sentidos y la distancia del EGO

Los sentidos están diseñados para percibir en presencia cualquier estímulo que ocurra en nuestro entorno (interno y externo) de forma directa. Por este motivo podríamos decir que los sentidos nos acercan a nuestra presencia. Y si nos acercan a la presencia, estamos en el camino de la esencia.

Vamos a dar un paso más en el concepto de los sentidos enumerándolos: el oído, la vista, el olfato, el tacto, el gusto y los sentidos internos (interoceptores), que son los sentidos que recibimos del interior de nuestro cuerpo como el hambre, la sed, cambio de intensidad cardíaca, dolor, el sueño y otros sentidos que tenemos, pero que no sabemos entender por haber perdido "el sentido" por el alejamiento.

Si sabemos que hay más sentidos de los que nos han enseñado, el siguiente paso será saber en qué medida o con qué intensidad están configurados y nos afectan en nuestra vida.

¿Cuántos de nosotros tenemos la sensación de los sabores de lo que comemos con sus matices, los olores de cada momento del día, escuchamos los sonidos del instante presente, vemos las pequeñas cosas que ocurren o notamos todo lo que tocamos?

El hecho de pensar que no usamos los sentidos para percibir nuestra presencia me lleva a pensar que algo raro está ocurriendo.

Analizamos un concepto asociado: **el umbral de percepción**. Que es el estímulo mínimo que ha de recibir un sentido para iniciar una reacción neurológica.

Entiendo que en el momento en que nacemos, nuestros sentidos deben estar muy estimulados y ser muy sensibles a cualquier agente. Y también entiendo que este nivel de percepción va disminuyendo con el paso del tiempo, ya que estamos sobre expuestos, pero este planteamiento es tremendamente mental, y si aplicase el proceso en el que estamos trabajando me puedo encontrar con otro planteamiento.

Cuanto más conectados estamos a la esencia, menor debe ser el umbral de percepción, es decir, percibiremos todo como si fuera nuevo, con la máxima intensidad. A esto se le llama **inocencia.** Tal y como la vamos perdiendo, subimos el umbral de percepción, nos distanciamos más de la esencia y nos configuramos como EGO.

Tengo que destacar que el uso de los sentidos en este parámetro es de conexión y no de distancia.

Si los sentidos van subiendo el umbral de percepción, es posible que esté asociado a la creación de la distancia para la configuración del Ego. Es decir, cuanto menos perciba por mis sentidos, más separado estoy de mi esencia. Cuanto menos escuche mi cuerpo más racional soy.

Se podría argumentar en contra que existen personas que les

molestan por ejemplo los ruidos (de pájaros picoteando en la ventana), o los olores (los fuertes como el incienso) o la intensidad de la luz, o ciertos sabores, o que les toquen. ¿En este caso los sentidos serían el motivo de distancia? NO, claramente el sentido por el que se percibiera el estímulo no sería el origen del rechazo, de la distancia. En origen estaría **en el nivel racional, en el juicio.**

El juicio que emite el ego sobre el estímulo recibido. Éste y no otro sería el mecanismo para crear la configuración del Ego. Pero para seguir respaldando, configurando al Ego se crean otros mecanismos (tejidos) a nivel racional.

LA CREENCIA EGO, confortable en su distancia, teje programas que lo estructuran y distinguen de otros egos reforzando la creencia de la separación.

Estos programas pueden ser muy simples o pueden llegar a ser tremendamente enrevesados, creando programaciones neurolingüísticas con bucles, que llegan a justificar lo injustificable en sí mismo. No deja de ser **la concepción de la creencia como una realidad irrefutable.**

Vamos a analizar algunos de estos mecanismos, como puede ser la vulnerabilidad, el juicio, miedo, responsabilidad en la vida, la vergüenza, victimismo, la separación, la posesión… Los veremos un poco más tarde.

El concepto de amor, la racionalidad y la distancia.

En algún momento de la evolución de las especies, surge el concepto racionalidad, "ser racional". Podríamos sentir que este cambio evolutivo es el que genera la creencia de distancia.

La observación de este concepto nos puede servir para entender, desde la distancia, en qué consiste el mecanismo que tratamos de "despensar" para sentir y ver que ocurre.

Centrémonos en la creación de distancia y observemos cómo lo hacen los animales en la naturaleza.

Si sentimos como si estuviéramos en el pellejo de un animal, podemos ver que un animal no odia. Cuando atacan a una presa lo hacen para comer, en ningún caso atacan sintiendo que es un enemigo. Lo que ven no es un enemigo, es un flujo energético en formato de alimento vivo que le va a permitir integrar energía. Lo que hace es reaccionar a un estímulo recibido de sus interoceptores, en este caso en particular el hambre.

Imaginaros una vaca comiendo pasto en su prado tranquila. Veamos que está ocurriendo en este escenario.

Vemos la hierba, y sentimos que se trata de una vibración pulsante de esencia, porque está viva, crece se reproduce y muere, se integra. En el caso que estamos viendo, esta hierba fresca va a ser integrada por la vaca mediante un proceso mecánico de ser arrancada por los dientes de la vaca y va a entrar en un proceso de integración en otro ser mediante unos procesos químico-mecánicos de digestión.

La vaca está en el prado, pasea, siente el sol o la lluvia sobre su piel, se para, agacha la cabeza junto a un pasto fresco, lo arranca, lo mastica y pasa por sus dos estómagos, intestinos, hasta que es expulsado.

Curiosamente el proceso sigue, ya que el excremento de la vaca va a ser el alimento de la hierba. Y volvemos a empezar.

Podemos sentir que en este proceso no hay distancia, que se vive sin pensar, sin juzgar, generando un equilibrio integrado todo en la unidad.

Claro que este es el ejemplo fácil que podemos imaginarnos hasta con música de gaitas de fondo con el prado verde, la brisa, las nubes.

¿Pero qué ocurre si incorporamos a este concepto una subida de temperatura al flujo del líquido interno del ser que es comido, integrado?

Imaginemos un águila que va por el aire, ve un conejo saltando por el campo, se lanza hacia él (formato de vida energía vibracional pulsante), le para la pulsación (muerto) lo integra (lo digiere) y lo expulsa, pasando a ser alimento para las plantas, que darán de comer a otro conejo, y así sucesivamente.

Y visto esto, lo que puedo destacar de este proceso, es que en ningún caso he sentido que hubiera distancia entre ninguno de los elementos que hay presentes en ninguno de los dos escenarios planteados. Todo lo contrario, he sentido la integración, el equilibrio. Todo es un todo, todo es uno. LA UNIDAD.

También siento que hay que destacar la no existencia de juicio, la no existencia de distancia. Y permitirme que repita LA NO EXISTENCIA DE DISTANCIA.

Esta distancia surge sólo cuando introducimos el concepto de racionalidad.

Concepto amor   racionalidad   creencia de distancia

Como vemos, no nos estamos enfrentando a nuestras estructuras mentales, sólo las estamos agitando un poco, viéndolas desde otra perspectiva y permitiéndonos observar qué ocurre con ellas al deshacer las creencias, al deshacer la distancia, al sentirlas y vivirlas desde una posición no pensada, integrada en el concepto base que estamos trabajando, EL AMOR.

Zona de confort.

Introducir este concepto es de gran importancia para nuestro aprendizaje, por aportamos una perspectiva desde la distancia de lo que hacemos todos los días y que no somos conscientes de hacerlo (es como si analizases lo que haces un día cualquiera "a vista de pájaro").
Si no tuviéramos esta perspectiva, no podríamos avanzar. Sabiendo esto, avanzamos en el concepto.

> **Espacio entorno físico y mental en donde nos sentimos cómodos, seguros o nos reconocemos y estamos habituados a gestionar.**

Este espacio puede ser agradable o desagradable, cómodo o incomodo pero lo importante es que se trata de un espacio conocido y nos produce una sensación de seguridad. Ejemplo positivo sería la sensación que te da moverte por tu barrio. Un ejemplo negativo es el de la persona mayor que con sus dolores, diagnóstico, pastillas y visitas al médico se sienten seguras y que rechazan cualquier alternativa por el simple hecho que lo que hacen, les permite sentirse seguras.
Esta zona de confort se puede ampliar mediante el estudio o el viajar. Pero se mantiene la estructura mental hasta que se decide dar un salto cualitativo. Lanzarse a la posibilidad de que pueda ocurrir cualquier cosa en la vida.
Tachannnnnnn!!!!
Salir de la zona de confort!!!!
Y esto ocurre cuando te permites vivir tu vida sin pensarla. Aceptando que cualquier cosa puede ocurrir, sin control. Estás dispuesto a vivir tu vida ocurra lo que ocurra, bueno o malo, bonito o

feo; libre de Juicios y aceptando que ese cosquilleo que entra por la barriga NO ES MIEDO, es tu VIDA.

El concepto "salir de la zona de confort" es necesario que se entienda. Por favor repásalo si no lo has visto claro.

Felicidad

Y por fin llegamos al concepto estrella de la televisión.

LA FELICIDAD!!!!

Es lo que todos queremos alcanzar, pero que no sabemos cómo.

Si hacemos caso a la televisión parece muy fácil: Si me pongo una colonia, si me bebo un refresco, si me compro un coche, y si me pongo un producto que tapa las canas..... Soy feliz. (Pero..... No recuerdo haber tenido esa experiencia en mi vida, empezando porque soy calvo).

Así que si el concepto no va por ahí, debe ser otra cosa. Que podríamos definir como:

> **Satisfacción personal subjetiva obtenida por la consecución de un objetivo o propósito.**

Entonces, observando este concepto, a través de la colonia, bebida, coche, vacaciones etc., obtenemos mini experiencias de felicidad.

Si esto es así, para ser felices tendríamos que estar constantemente teniendo satisfacciones pequeñas. La vida para los placeres. Epicúreo y su siempre deseada ataraxia. ¡¡Qué bonito!!

Incluso en esa situación no se llegaba a alcanzar la felicidad plena. Por esto vamos a investigar en este concepto.

Felicidad plena.

Sentirse satisfecho con lo que se tiene. **Aceptación sin necesidad de cambiar nada. Eliminación de distancia entre lo que pretendo y lo que soy. No desear nada.**
Es curioso, la distancia entre lo que se tiene y lo que se desea, sirve para medir la felicidad plena.
No importa si tienes mucho o poco, sólo importa tu percepción de esa distancia.
Si la distancia es cero, eres plenamente feliz; si la distancia es grande y cambiante, va a dar igual lo que poseas, sea mucho o poco, vas a ser infeliz.
Si aplicamos concepto felicidad plena a la esencia amor (**esencia percibible no pensable unicista**) y al ego, que es **esta distancia que creemos que se genera entre la esencia y la presencia pensada, es lo que creemos que se llama EGO.**
Podemos concluir que cuanto más cerca estemos de la esencia, y que cuanto menos ego tengamos, más facilidad tendremos para ser felices.
La esencia es y la creencia no es. Lo que es, es y lo que no, no tiene realidad.

El tiempo y la unidad.

Parménides nació en Elea, hacia el 540 antes de Cristo aproximadamente, donde residió hasta su muerte el año 470.

"Ea, pues, que yo voy a contarte (y presta tu atención al relato que me oigas) los únicos caminos de búsqueda que cabe concebir: el uno, el de que es y no es posible que no sea, es ruta de Persuasión, pues acompaña a la Verdad; el otro, el de que no es y el de que es preciso que no sea, éste te aseguro que es sendero totalmente inescrutable."

"Y ya sólo la mención de una vía queda; la de que es. Y en ella hay señales en abundancia; que ello, como es, es ingénito e imperecedero, entero, único, inmutable y completo.""

La escuela filosófica de Parménides, estudiaba el concepto del tiempo y el movimiento.
El planteamiento que hacían en relación al movimiento, consistía en considerar el tiempo como infinito y por lo tanto infinitamente fraccionable.
Bajo esta premisa, si lanzo una flecha, ésta recorre en un tiempo determinado (por ejemplo un segundo) una distancia determinada x. Pero si decido partir el tiempo en la mitad del tiempo anterior infinitas veces y ver qué distancia recorre, veremos que cada vez la flecha recorre la mitad de espacio que en la medición anterior.
Esta sucesión de particiones nos lleva considerar que si el tiempo es fraccionable al infinito, lo único que existe es EL PRESENTE. Por tanto, en el instante presente, el movimiento tampoco existe. Y si el movimiento tampoco existe... la distancia, desaparece. Por lo que sólo existe la UNIDAD.
Según Zenón de Egea, esto era así.
Esta corriente de pensamiento fue desechada, ya que quedaba bien claro que el pasado y el futuro existían.
Pero mi pregunta es: ¿dónde existe el pasado y el futuro? Y la respuesta es bien sencilla, en el mundo del pensamiento. Todos pensamos el pasado y el futuro, pero no lo experimentamos en presencia, por que no existe.

¿Luego existe el movimiento? El movimiento existe sólo racionalmente, siendo la sucesión de los distintos momentos que componen el total del tiempo considerado.

¿Cómo nos liberamos del concepto pasado? Pues aceptando que no existe, si lo perpetuamos e inundamos nuestro presente de este pensamiento, estamos generando un presente irreal.

Es curioso, porque también perdemos presencia pensando en cambiar el pasado.

Bajo el mismo criterio ¿cómo nos liberamos del futuro? Pues igual, aceptando que no existe. Y no sólo es que no existe, sino que nunca va a existir. La única realidad es el presente, o la presencia.

Hay una frase que he escuchado relacionada con este punto, que dice: "el exceso de pasado en el presente genera depresión y el exceso de futuro en el presente genera ansiedad". (La he visto en Facebook).

Si decidimos hacer uso del concepto presencia como único posible, y volviendo a recurrir a Parménides, si el tiempo no existe salvo en el instante presente, el movimiento tampoco existe, luego no existe la distancia. Y si no existe la distancia..... Sólo existe la unidad.

Luego en **la esencia sólo existe la unidad. Y cualquier distancia que se genere, pertenece al mundo de los pensamientos**. Mundo que no existe.

Pr-esencia

Iniciando procesos

Una vez analizados y desestructurados varios conceptos, vamos a gestionar procesos que nos deshagan las "mentiras" de la mente y nos permitan respirar nuestra esencia en presencia.

Pr-esencia

¿Se puede dejar de creer, como dejar de pensar para acercarte a la presencia? SI

Es curioso que el simple hecho de plantearnos esta pregunta permite un espacio a algo que "no existe".

Son mecanismos de anclaje que impiden el deshacer de la mente. Se cierran en sí mismos y crean bucles infinitos que impiden que sientas y percibas tu esencia. Llegas a creer que no puedes salir de esta situación.

Pues **SI, se puede**, y pensar lo contrario es ignorar la esencia. Como veis, al principio de la frase anterior pone "pensar", volvemos a encontrarnos con el laberinto que diseña estrategias sin salida para no dar espacio a lo que realmente es, la esencia.

Lo primero que surge es la creencia de que es imposible, la creencia de que "yo lo he intentado", la creencia de que manteniendo las creencias....

Si LA CREENCIA EGO deja de creer....desaparece.

LA CREENCIA está formada por creencia de juicios, creencia de separación y creencia de distancia.

¿Por qué *creemos* que se mantiene la creencia? Porque en ella *creemos* que nos educaron y *creemos* que nos sentimos cómodos. Y *creemos* que nos sentimos cómodos porque *creemos* que lo conocemos, ya sea la creencia de dolor o la creencia de placer. Ambos los *creemos* como juicios y *creemos* que nos configuran como individuos creídos (que no creados) en la racionalidad.

Pero si te paras un momento. Buscas tu respiración. Te sientes sin juicio. Y......

Espero que lo sientas. Eso eres tú. Respiración.

En este concepto estamos tocando la esencia, y es donde debemos estar.

Acercándonos o dejando de alejarnos.
"Des pensando" (inhibirse, olvidarse, distraerse, deshacer lo pensado)

Si **dejamos** de creer, (y ya estamos en el proceso de "des pensar") nos surge la aceptación.
Podemos desacreditar los pensamientos y aceptar que puedes estar equivocado.

Encontrar tu tesoro.
No es más que aprender a escuchar LA VIDA.

Ya estamos calentando motores y nos estamos acercando a nosotros mismos, sin esfuerzo. Sólo hay que ignorar, no juzgar, sentir y respirar.
A muchos de vosotros os puede resultar muy fácil, a otros no tanto. Pero ser conscientes de que es tremendamente sencillo, sobre todo cuando sientes cuál es el regalo que te vas a encontrar. Ese regalo eres TÚ. Pero un TÚ sentido, no pensado, vivido y no razonado.
A esto se le llama toma de consciencia.
Llevo tiempo escuchando que alcanzar la consciencia es alcanzar un nivel especial. Es sentirse especiales respecto a los demás. Mucha atención a este concepto. Puede ser otra forma de atarnos al ego y volver a crear distancia cuando crees que la estás deshaciendo.
No existen niveles de espiritualidad en la esencia y en la unidad.

No por sentir este concepto y ser capaz de trasladarlo soy más que el que está enganchado a la creencia, al juicio, a la distancia, al miedo o a la posesión.

Si contemplamos la teoría del espejo, el que estas personas estén cerca, nos sirve para tomar consciencia y ver qué tengo que cambiar dentro de mí para eliminar las distancias.

En muchas ocasiones, como terapeuta, observo e intento entender qué viene a enseñarme la persona que está en la camilla tumbada.

También me pregunto que si ya estuviera en la esencia y en la unidad, posiblemente no tendría este tipo de vivencias.

Como podéis observar, es tremendamente sencillo volver a caer en el pensamiento y en las creencias. (Sólo hay que ver el párrafo anterior y desacreditarlo).

Si realmente estamos en la esencia ocurre lo que tenga que ocurrir y pensarlo o juzgarlo no es nuestro propósito. Luego todo lo dicho no tiene sentido, salvo en nuestro pensamiento y ese es el proceso a deshacer.

Estamos en camino.

¿Me sigues?

Pr-esencia

Tejidos mentales que mantienen el EGO

Pr-esencia

Los tejidos mentales, deben ser leídos e interpretados con máxima flexibilidad. No hay un criterio uniforme para todos. De hecho no hay ninguna estructura mental igual a otra. Los vamos a tratar a modo de ejemplo. Cualquier variante es posible y estamos abiertos a encontrarnos planteamientos distintos. Sólo hay que escuchar, sentir y ver que ocurre.

Cada ego "se las guisa a su estilo", pero sí nos pueden servir de orientación para darnos perspectivas de acercamiento a nuestros procesos.

Conocer nuestros procesos nos permite deshacerlos más fácilmente, de esta manera podemos respirarlos mejor, sentirlos mejor y así, ya ellos solos se deshacen, sin esfuerzo ni dificultad.

Pasamos a ver los tejidos (marañas) mentales que mantienen el EGO.

Pr-esencia

La vulnerabilidad.

Si forjamos nuestros sentimientos a partir de nuestros pensamientos y nos dejamos arrastrar por ellos, podemos dar espacio a **la vulnerabilidad.** Esta vulnerabilidad es tanto física como emocional.

La invulnerabilidad, por el contrario, es en nuestra esencia, y desaparece cuando damos crédito a los pensamientos y juicios sobre lo que "creemos" que percibimos.

La vulnerabilidad sólo existe en nuestros pensamientos. Luego lo que es, es y sólo puede ser. Por el contrario lo que no es, no puede ser.

Cuando nos reconocemos atacados, podemos sentirnos vulnerables, si le damos espacio a nuestros pensamientos (Incluso, **podemos llegar a defendernos de un pensamiento** Jajaja!!!).

Luego si queremos no hallarnos vulnerables, cuando nos creamos atacados, simplemente no hay que defenderse, y no darle espacio a los pensamientos que nos arrollan... **Nadie te ataca.**

En el momento que no nos defendemos, empezamos a sentir nuestra fortaleza, pero tenemos que tomar la decisión de no defendernos.

Esta sensación es muy especial y os animo que tratéis de experimentarla, una vez que la reconoces, todo lo que he comentado toma sentido.

La idea no es otra que provocar el sentirte expuesto a un ataque. Acercarte, sentirlo, sin juzgarlo e integrarlo, deshacer la distancia entre la persona que está actuando como atacante (virtual, por qué no le vamos a adjudicar ese poder) respirarlo, y envolverlo con tu energía personal, ofreciéndole tu integración.

Vale, suena un poco raro. Pero es en este tipo de planteamientos donde os pido mayor apertura de mente. No juzgar y más sentir, ello está asociado con la **pérdida del miedo y la valentía.**

Imaginaros que el miedo me inundase y me sintiera ahora mismo vulnerable. El bloqueo que me generaría me impediría escribir este texto y compartirlo con vosotros. ¿Qué podéis pensar de mí? ¿Cuánto rechazo puedo generar?

Estas preguntas no tienen respuesta en la invulnerabilidad, ya que son pensadas y no existen.

Además estoy preparado para que ocurra cualquier cosa en mi vida, dispuesto a vivirla. Por este motivo salgo de mi zona de confort y me lanzo a escribir sin saber ni por qué ni para qué. Pero aquí estamos sintiendo la presencia, yo con mi teclado y tú con tu papel o tu pantalla.

Ya me cuentas qué te parece la experiencia. Y recuerda: ¡nadie te ataca!

Por el contrario, si nos defendemos, empezamos a sentir nuestra debilidad por darle espacio a algo que no es.

Juzgar.

Este fue uno de los mecanismos que observé en personas que pretendían sentirse seguras.

Cuando no consigues conectar con tu energía, **no te sientes, sólo te piensas**. Luego estás en un proceso de configuración de EGO a marcha forzada.

Se me vienen a la cabeza muchos momentos de mi vida en los que he sentido que configuraba mi ego a partir de juzgar a los demás. Estos momentos siempre estaban asociados a la necesidad de aceptación y pertenencia a grupos sociales.

De alguna forma refleja la cobardía, el esconderse tras unas estructuras mentales, juicios, que crees que te parapetan de situaciones exteriores (Qué interesante esta observación). Me creo algo por juzgar a los demás, me siento mejor que ellos y me integro en un esquema mental colectivo que se sustenta y avala entre sí (y sabemos que lo que no es, no es -Me encanta Parménides, es valiente-).

Si no juzgo y acepto, estamos en la presencia, hay que deshacer las estructuras de distancia para llegar a la esencia. **El juicio te hace sentirte separado**.

Decidir no juzgar nada ni a nadie, ni siquiera clasificarlo (este ejercicio es divertido, ya que estamos acostumbrados y educados a juzgarlo todo). De hecho estamos acostumbrados a juzgar de manera inconsciente, usando infinidad de parámetros. Es tan habitual, que no hacerlo nos parece imposible.

Desde que te levantas hasta que te acuestas no paras de utilizar registros del pasado para juzgar hacia fuera, hacia dentro, clasificar, descalificar,... Es realmente agotador el proceso.

Y lo mejor de todo es que *SÍ* se puede dejar de hacer y al dejar de hacerlo, dejamos de **sentirnos separados del resto del mundo**.

"Me creo" que este punto es de vital importancia, ya que "me creo" que si consigo dejar de juzgar, podré conectar con mi esencia y habré deshecho la distancia.

Bueno, aquí nos queda la propuesta. La decisión de aplicarla es de cada uno. Nadie va a darte una pastilla para que dejes de juzgar, sí podrán darte pastillas para dejarte atontado y parar un poco tu mente para que dejes de atosigarte y te puedas sentir mejor, pero es deseable no llegar a esta situación.

El miedo.

He crecido la mayor parte de mi vida viviendo con el miedo y sin saber qué era.

Tengo que reconocer que hace pocos años encontré una definición de miedo que me encanto: " la ausencia de amor, ausencia de fe".

Esta definición llegó profundamente y basándome en la fe, comprendí muchos planteamientos que antes no entendía. Decidí no usar el miedo como criterio y esto fue de gran ayuda, hasta podría decir que cambió mi vida.

Pero mi sorpresa ha sido encontrarme que el miedo es algo mucho más sencillo que a continuación detallo.

El miedo es una interpretación del concepto "vida." Esa sensación que clasificamos o pensamos como mala/negativa , cuando no es más que la sensación de que algo puede ocurrir y no sabes qué. **La incertidumbre de que algo pueda ocurrir es un elemento inherente o esencial de la vida.**

En este punto podríamos decir que el **miedo es un juicio ante un pensamiento de incertidumbre** que genera una sensación de cosquilleo, versus bloqueo, que ya interpretamos educacionalmente como "malo" (juicio).

Pero la vida es incertidumbre.

Y si la vida es incertidumbre y pensamos esa sensación de incertidumbre.

Y si además la juzgamos y le ponemos la etiqueta terrible, rechazable, indeseable....

Nos encontramos que estamos dando la espalda a nuestra vida.

Entonces nos centramos en cómo solucionarlo.

Partimos de que LA VIDA va asociada a incertidumbre, la pensemos o no.

Tengo que aceptar este concepto de base.

Decido no pensar LA VIDA, o no pensar la incertidumbre que lleva asociada la vida por el simple hecho de existir.

Decido no juzgar mis pensamientos.

Ante este planteamiento no queda problema.

Sólo tengo que decidir no ponderar el miedo en mi vida ante ninguna situación. Básicamente por que **el miedo es un juicio de un pensamiento de algo intrínseco a la vida, que es la incertidumbre.**

Y **curiosamente, la incertidumbre, la piense o no va a seguir estando.**

Como veis, en ningún caso pretendo que se resuelva un pensamiento con otro pensamiento, sino con algo mucho más simple, vivir la vida, sin pensarla.

Mientras que con una simple elección de interpretar esa sensación como algo nuevo que va a ocurrir dentro de tu vida y que, por supuesto, voy a estar dispuesto a vivirlo.

De esta manera se puede transformar una sensación bloqueante en una sensación que ha de acompañarnos en nuestro camino de forma constante, ya que la incertidumbre ante lo que tenga que pasarnos, forma parte intrínseca de la presencia.

Y dicho esto, no me queda más que felicitarte por tener la oportunidad de vivir tu vida. Y que aunque pienses que es tarde, nunca lo es. Cada instante es el perfecto en tu vida.

¡¡¡Feliz vida sin miedo!!!!

¿Me acompañas?

Existe otra variable a tener en cuenta, LA DISTANCIA: sin ella el miedo no podría existir. Si juzgamos algo es por que lo creemos separado de nosotros, sino lo juzgamos es por ser lo mismo. Juzgamos la incertidumbre por que la pensamos separada, si sintiéramos la incertidumbre como algo integrado en nuestra vida, no la

juzgaríamos, no pasaríamos a activar el proceso del juicio.
Entonces podría ver que existe un doble bloqueo para la creación del miedo, el de creerme separado y el del juicio.
El doble bloqueo es el proceso en que se configura el EGO. A nivel inconsciente el Ego crea dobles bloqueos que se afianzan y retroalimentan.
Como podemos ver, el nivel inconsciente desarrolla la estrategia del doble bloqueo ya que el ser humano a nivel consciente no es capaz de entender este "virtuosismo".

> **Nos dedicamos a desbloquear emociones cuando lo que hay que deshacer es la distancia asociada y otro formato de creencia**

El párrafo anterior lo he puesto en negrilla y en una cuadrícula, cuando realmente tendría que estar de título de libro.

La vergüenza.

Si la vergüenza nace como respuesta natural del hombre para evitar que descubran sus miserias o nace de la ignorancia, también puede nacer de la humillación o del miedo a la aceptación social.

Para ocultar o tapar la vergüenza se creó la soberbia.(contra parte vanal).
Si nos aceptamos como somos, no sería necesaria la vergüenza, luego podemos decir que nos encontramos con un problema de separación.
Es la sensación humana, de conocimiento consciente de honor, desgracia, o condenación. El terapeuta John Bradshaw llama a la

vergüenza " la emoción que nos hace saber que somos finitos".

Y si somos finitos, somos pensados. Si somos esencia nunca seremos finitos, luego la vergüenza va relacionada al ser pensado, no a la esencia del ser.

Si **el ser** diera espacio a su esencia (sin pensar) la vergüenza no tendría razón de ser. Ya que sólo existe en el mundo de los pensamientos.

Alguien que ve su esencia sólo puede ver amor.

Alguien que valora su presencia por sus pensamientos, se puede ver envuelto en un esquema de vergüenza, y ésta puede llevarle hasta la soberbia.

No se vosotros, yo lo veo muy fácil, aunque el que está inmerso en un proceso de vergüenza, no es capaz de salir de él.

Es curioso, existen muchos casos que no tienen ninguna relación con el miedo.

Parece que se trate de que la energía personal, en un momento determinado se programa para esta estructura mental y le cuesta mucho salir de ella.

Bla, bla, bla, bla... Hasta ahora, todo lo planteado es pensado y no sirve para nada. Es sólo el EGO diciendo que sabe de qué está hablando.

Pasamos a deshacer pensamientos, sentir y ver qué pasa.

La vergüenza es un sentimiento que te impide hacer ciertas cosas aunque quieras hacerlas. Es paralizante. Paraliza la razón. Te hace actuar de forma incoherente.

No tiene marcha a tras, una vez que sientes vergüenza por algo y te posicionas en rechazo a la situación, no vas a rectificar. Aún sabiendo que vas a quedar mal (o que estás quedando mal).

Es una clausura de EGO. Se acabó. Hasta aquí hemos llegado. No hay salida. Decisión cerrada. Ya está.

Pr-esencia

Se busca ayuda fuera, se busca comprensión fuera ante algo que no se puede comprender. Al no encontrar comprensión se genera más aislamiento.

No sabes dónde está el pilar, la fuerza. Al no encontrarla dentro, al no tenerla fuera y al cerrarte en el aislamiento, no damos espacio ni posibilidad.

La persona que se acerca a nosotros no nos puede comprender. El bloqueo es en sí mismo incomprensible.

Y lo peor de todo, es que no nos permite mirar dentro de nosotros para ver nuestra esencia, único pilar y fortaleza que puede sacarnos de la situación.

No me merezco lo que soy, no abro la posibilidad a cambiar. Me siento "cómodo" en esta situación, aunque es la más dolorosa que puedo tener, estoy acostumbrado a sentirla y no me abro a la posibilidad de que en mi vida pueda ocurrir algo distinto.

Es un formato de EGO superreforzado no racional.

Sólo hay distancia:

Distancia de uno mismo con la esencia.

Distancia de uno mismo con los demás.

Distancia de uno consigo mismo (en el sentido de no aceptarse, no reconocerse, no valorarse).

Por eso cuando te veo sometida/o a ese bloqueo y siento tu esencia, no me cuadra. Uno de los dos está equivocado, y se que yo no lo estoy, porque me veo reflejado en ti y lo que veo es fantástico.

Puedo buscar el origen del bloqueo en el pasado. Pero si el pasado no existe, ¿puedo justificar su permanencia en algo que ya no existe?

Motivo por el que puedo mantener el estatus de vergonzoso todo el tiempo que quiera, o... decidir dejar de serlo y empezar a caminar poco a poco. Respírate a ti mismo, repasa el apartado de vulnerabilidad e invulnerabilidad.

Respira.
Ríe.
Disfruta.

La posesión.

Es un anclaje de la distancia. ¡Qué bonito!
Un potenciador del ego.
Es la manera que tiene el ego de sentirse algo "real" o "sólido".
Nada posee nada. Y existe la posibilidad de que la posesión llegue a poseer al EGO. Jajaja!!!
Va asociado al miedo a perder. Entonces nos volvemos al apartado "el miedo" para resolverlo. Y entiendo que no hay nada más que decir.
Bueno, sí. Es una combinación del miedo a perder y la necesidad de anclar el ego.
Si analizas qué tienes de posesión ahora mismo. Y cuando me refiero ahora mismo, quiero decir, qué llevas puesto, ropa, zapatos, las monedas que tienes en el bolsillo, el teléfono móvil, las gafas, pulseras etc. Eso es lo que tienes ahora mismo. El resto que crees que tienes no lo tienes ahora mismo.
Si te sitúas en un instante de integración, lo que habitualmente llamamos muerte, ¿qué posesiones podemos tener? ¿Hasta dónde vamos a llegar con nuestros pensamientos?
Si nos situamos en un espacio de distancia y pensamiento, sí tiene sentido la posesión.
Mi pregunta entonces es: ¿dónde queremos situarnos?
Ahora llega el momento de la decisión.
Podemos plantear que la posesión forma parte de la vida.

Si la felicidad plena no está relacionada con lo que se tiene, sino con la percepción de la distancia entre lo que se tiene y lo que se desea tener. **La posesión no es importante, ya que tengas lo que tengas, si estás en aceptación es perfecto tal y como es.**

Luego la posesión o la no posesión no es el problema a tratar, sino <u>la distancia entre lo que tienes y lo que deseas tener combinado con el miedo a perder lo que se tiene.</u>

¡¡¡Qué bonito!!! Me gusta este planteamiento y lo siento muy completo.

Luego se trata de un problema combinado de distancia y de juicio.

Curioso, cuanto más se complica el proceso mental, más difícil resulta deshacerlo. Seguimos trabajando.

El victimismo.

Me ha acompañado durante toda mi vida. Bueno, de pequeño no, **desde el momento en que crees que tienes que portarte bien con los demás y consideras que esto genera un compromiso o deuda, de los demás hacia ti.**

Ya está!!! Ésta es la clave.

Este programa hace mucho daño, por que crea una distancia enorme, te crea un falso estatus de merecedor de algo, que lo que hace es acentuar la distancia entre lo que tienes y lo que te gustaría que fuera. Es decir, te aparta de la felicidad plena de forma galopante.

Lógicamente el juicio es la variable que utilizamos para anclar este tejido al ego.

Primero empezamos juzgando entre lo que es portarse bien con los demás y lo que no es portarse bien con los demás.

Nos posicionamos en el lugar de los buenos. Creamos una distancia entre los buenos y los malos, (lógicamente nosotros estamos en los buenos y los demás en los malos).

A partir de aquí lo que nos queda es exigir la contraprestación por habernos portado bien. Pero maticemos, puede ser que no esperemos nada a cambio, pero sí al menos que no se porten mal con nosotros. ¡¡¡¡Bien!!!! Ya estamos mezclando otro juicio más. Juzgar la manera en que se portan los demás con nosotros. Y créeme, observamos especialmente el comportamiento de los beneficiarios de nuestra "bondad" hacia nosotros. Con ellos somos más exigentes de lo normal.

¿Te suena de algo este proceso? Pero de mi familia ¿cómo me iba a esperar esto? ¡¡¡Jajaja!!!

Si no espero nada de nadie, por que no existe distancia entre lo que espero de los demás y lo que percibo que obtengo de ellos. Además si no juzgo mi comportamiento como bueno o como malo, sino que actúo en coherencia siempre sin esperar reacción. Pues ya se queda todo "desatado y bien desatado". Con esto quiero decir que nos quedamos a la expectativa de que cualquier cosa puede ocurrir y que ocurra lo que ocurra, estoy dispuesto a vivirlo.

Bien venida/o a tu vida. ¡DISFRÚTALA!.

Es curioso que al principio de este punto, me parecía que era muy difícil de resolver. Esto ocurría en el momento que pensaba el concepto.

Sólo hay que dejarse sentirlo para que salga y parezca fácil.

¡¡¡Gracias!!!

Responsabilidad con la propia vida.

Este es un concepto que nos tiene muy atrapados, atados o bloqueados. Nos han educado a que tenemos que ser responsables con nuestra propia vida, e incluso con la de los demás, (por si no fuera suficiente).

Trabajando bajo los parámetros que estamos gestionando, ser responsable de tu vida debería ser: "**ser capaz de gestionar y adaptarse a todo lo que vaya surgiendo en nuestro presente, cada instante. Y si cabe, aplicando el principio de coherencia.** (sentir, pensar y actuar en la misma dirección)".

Por el contrario, lo que normalmente interpretamos con ser responsable con tu vida, consiste en defender tus bienes y posesiones y esforzarse para ser alguien de provecho en el futuro.

Defender tus bienes y posesiones es tener miedo a perder lo que tengas. Puede ser mucho o poco, pero lo importante no es la cantidad de bienes o el valor de éstos, sino el miedo a perderlos. Esforzarse por ser alguien de provecho en el futuro refleja **el miedo a ser tu mismo y a hacer lo que realmente te apasiona en tu vida.** En este punto se puede matizar mucho más. Ya que puede ser mal interpretado. Aquí volvería a aplicar el principio de coherencia.

Resumiendo los bloqueos tratados.

La vulnerabilidad, creernos separados y juzgar a partir de sentirse atacados por estímulos externos

El juicio, bloqueo de distancia, creerte alejarte de algo para creerte que te acercas a algo. Se trata de un bloqueo doble de distancia.

El miedo, bloqueo de juicio sobre la incertidumbre y bloqueo de creerse separado de algo.

La vergüenza, creencia de distancia con uno mismo (sentirse finito), creencia de distancia con los demás y creencia de distancia con la presencia (no permitir fluir, bloqueo a fluir en presencia)

La posesión, distancia entre lo que tienes y lo que deseas tener unido al bloqueo de miedo a perder lo que tienes (y éste es el juicio sobre la incertidumbre asociado al bloqueo de sentirse separado).

El victimismo, bloqueo de juicio, por juzgar tu comportamiento como bueno y juicio del comportamiento de los demás al considerarlos en deuda por tu propia creencia.

La responsabilidad, bloqueo de miedo a ser tu mismo unido al miedo a no hacer lo que crees que los demás esperan de ti. Y al ser doble bloqueo de miedo estamos ante doble bloqueo de juicio unido a doble bloqueo de distancia, y al tratarse de doble bloqueo de juicio, generas creencias de separación en dos aspectos y creencias de acercamientos en otros dos aspectos.

¿¿¿Puff!!!! Qué cansado, con lo fácil que es no creerse nada, no juzgar nada, no tener miedo a nada… y dedicarse a vivir en presencia sin distancia.

Como vemos, todos los bloqueos están asociados a distancia y a juicio en su origen, luego si eliminamos la distancia y el juicio…

Pero si vemos que el juicio es un doble bloqueo de distancia, entendemos que si la distancia desaparece, nos encontramos en la esencia y en ella, todas nuestras creencias desaparecen.

Es fácil, sencillo y aplicable, pero no estamos acostumbrados a sentirnos uno, estamos educados en la distancia, por eso somos el ser superior de la naturaleza, el ser con capacidad racional.

LA DISTANCIA

Vamos a centrarnos en profundizar en la distancia.
Partimos de un eje de coordenadas de tres variables.
La variable "X" la vamos a llamar juicio (sobre lo externo y sobre lo interno) juicios positivos y negativos.
La variable "Y" va a ser el miedo. Valor-miedo.
La variable "Z" va a ser la posesión. Riqueza-carencia.
Podríamos haberle puesto a un eje vergüenza, victimismo, responsabilidad, vulnerabilidad o cualquier otro que queramos trabajar. El proceso de trabajo es personal y subjetivo, cada Ego configura su creencia de distancia mediante unas creencias configuradas a su manera. No existe un modelo, patrón fijo. Cada Ego se las guisa a su manera.

> **El punto de partida es la distancia "0" a la esencia, o lo que es lo mismo, la ausencia de juicio, miedo y posesión. O mejor dicho la ausencia de creencia de juicio, la ausencia de creencia de miedo y la ausencia de creencia de posesión.**

Si revisamos los tres conceptos podemos ver que los tres están relacionados, es decir, que interaccionan entre ellos.
Si posicionamos nuestras variables en el punto "a" podemos ver que para la configuración de la distancia desde el origen "(0,0,0)" hasta "a", es la combinación de a_x, a_y, a_z. Es decir, la creencia de distancia "(0,0,0)" a "a" es el resultado de una creencia de distancia juicio, mezclado con una creencia de distancia miedo y una creencia de distancia posesión.
Esta configuración nos lleva al punto "a", es decir nos lleva a creer que existe una distancia desde el punto "(0,0,0)" a "a".

Pr-esencia

EL uso del eje de coordenadas XYZ nos sirve para entender que nosotros configuramos nuestra creencia de vivencia en tres dimensiones y que como tal la creemos como real. Por eso cuando he planteado este modelo y hasta llegar a este punto, todos hemos entendido perfectamente el planteamiento.

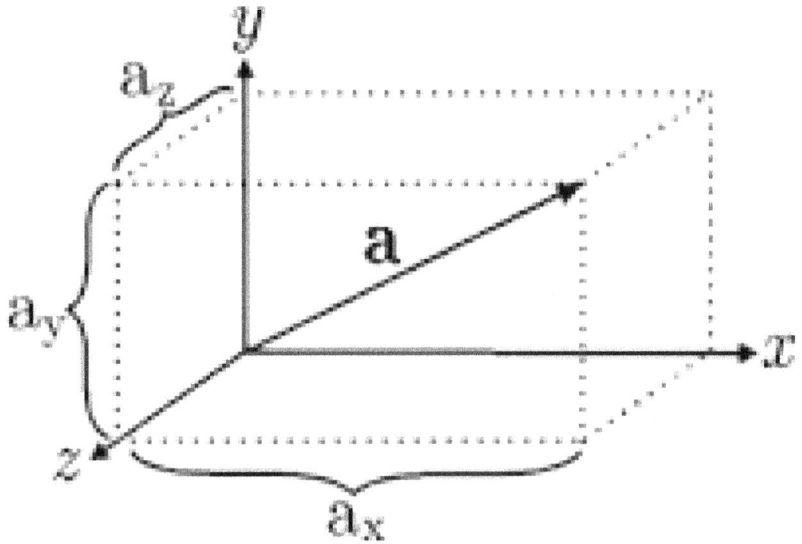

Gráfico 1

Tenemos que tener en cuenta que las variables han de ser tomadas en el más amplio sentido, hasta incluir los ejes en positivo y negativo, es decir, la variable posesión hay que contemplarla considerando que el ego se puede sentir propietario de algo (eje en positivo) o carente de algo (eje en negativo), puede sentirse miedo o valor, puede ser Juicio positivo o negativo sobre algo o alguien.
Esta visión la planteamos en el gráfico 2

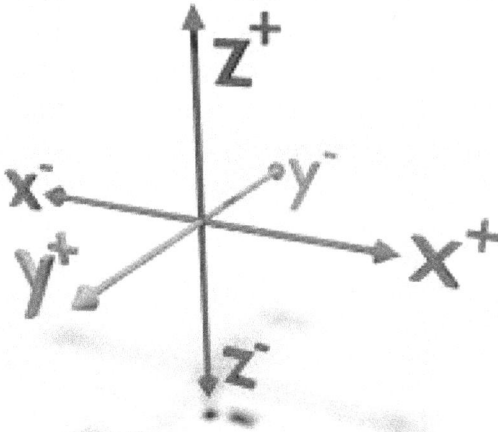

Z⁺

X⁻ •y⁻

Y⁺ →X⁺

Z⁻

Gráfico 2

Ahora, si vamos a dar un paso más. Vamos a pedir un esfuerzo de desconfiguración mental. Estando acostumbrados a vivir, sentir y pensar en tres dimensiones, vamos a simplificar el modelo. Si el ejercicio consiste en deshacer la creencia de distancia, y mi creencia de distancia actual la tengo configurada en tres dimensiones. ¿Podría llegar a considerar que la única distancia que creo que existe es la "(0;0;0)""a"? Que en definitiva es la distancia desde la esencia hasta la creencia de configuración de EGO.

En este caso, si consigo sentir que esa creencia de distancia es lo único que me importa sea cual sea la posición del punto "a" y el modelo de programación que utilice para configurarse, (vulnerabilidad, juicio, miedo, posesión, vergüenza, responsabilidad), nos encontramos con la posibilidad de configurar las tres dimensiones x,y,z en una sola, definida por la distancia desde la esencia a la creencia de distancia que configuramos.

Esta variable la vamos a trasladar a un eje de ordenadas X,Y, bidimensional, en donde la variable "Y" será la creencia de distancia antes comentada y la variable "X" la vamos a considerar como la creencia de tiempo, siendo −X la creencia de tiempo pasado y +X la creencia de tiempo futuro, y por lo tanto X=0 será el instante presente.

Sólo a modo de observación, en el gráfico 3 estamos manejando cuatro dimensiones. La "X,Y,Z" del gráfico anterior refundida en "Y" y la "X".

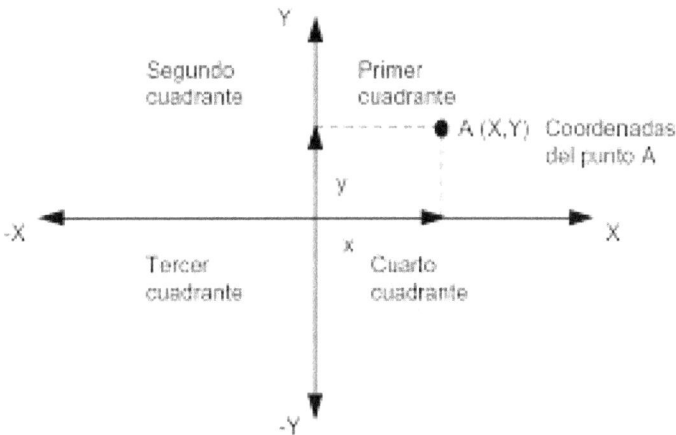

Gràfico 3

Ahora nos vamos a centrar en el punto A(X,Y).

A_y, será la creencia de distancia entre la esencia y lo que creo que soy.

A_x, será la proyección mental que creo que tengo en el presente hacia el futuro.

Si vemos en el gráfico 3, el único momento desde el que puedo verlo es el punto x=0, desde el momento presente. Es decir, aunque me posicione en un pensamiento del futuro, siempre lo estaré haciendo desde el presente.

Ocurre lo mismo con posicionamientos o creencias de posicionamientos en el pasado. Llegamos a creer que el pasado nos inunda y no deja de ser una creencia.

Nos encontramos justo en el instante en donde nos corresponde decidir si damos el salto de seguir creyendo nuestra vida, es decir, seguir configurando nuestra vida en base a creencias o pasamos a EMPEZAR a recuperar nuestra vida en esencia, que no es más que nuestra presencia sin creencias, sin distancias. Integrados en la esencia....

Me cuesta trabajo encontrar palabras para seguir escribiendo ya que sólo encuentro sensaciones, estímulos, ...

GRACIAS.

Pr-esencia

Si, la "incoherencia" coherente nos inunda y nos da espacios que no sabemos que hacer con ellos. No te preocupes, no importa. El proceso consiste en eso, cuando sientes en presencia….

¿Y ahora qué?

Pues sí, esta es la sensación.

Integración.

Sentir, permitir que ocurran cosas sin juzgarlas.

Respirar, sentir, reír , disfrutar, amar, integrar…

En la unidad no hay distancia, sólo hay presencia, luego el concepto Intervalo sólo puede ser una creencia.

Para que exista distancia tiene que existir separación y si estamos en esencia, la separación no existe, luego no existe el movimiento.

Pr-esencia

Deshaciendo y actuando.

Pr-esencia

Aprendiendo a escuchar la vida.

Aceptar que todo lo que ocurre a tu alrededor, ocurre para que aprendas algo, y mientras no lo aprendas, tu vida te va a seguir mandando señales para que aprendas. **La vida te habla.**
De esta manera cambiamos nuestra actitud de jueces por la **actitud de aprendices** deseando aprender. Abiertos a que la vida te enseñe la presencia. Este posicionamiento es muy....muy (no se qué poner, pero la sensación es agradable).
Podría escribir mucho más en este punto, pero no creo que pudiera aportar más. Lo que es, es. Y no puede ser que no sea.
Y recuerda, LA VIDA TE HABLA.

Coherencia.

Actuar con coherencia es sentir, pensar y actuar en la misma dirección.
El orden es importante.
Primero sentir, y que tu percepción te organice y ponga en valor tu vida.
Después pensar, en forma de herramienta al servicio de tus sentimientos.
Y por último actuar en coherencia con tus sentimientos y haciendo uso de tus pensamientos para caminar todos en la misma dirección.
Este concepto habría que aplicarlo en todos los aspectos de tu vida, desde que te levantas, hasta que te acuestas.
La toma de decisiones ha de ser tratada desde este enfoque. En la formación, desde el colegio, universidad, profesión, lugar donde vivir, elección de persona con quien compartir.

Por este motivo, cuanto antes se aprenda....
No importa cuándo se aprenda, lo importante es entenderla y vivirla.

Aceptación. (Desear algo, querer cambiar algo)

Aceptar que todo lo que buscas lo tienes ya. Es decir, eres completo tal y como eres.
Si buscas algo, si deseas algo, si quieres cambiar algo, tu mecanismo mental y energético entran en conflicto. Por lo que se crea un rechazo a lo que crees que deseas.
Si te sientes mal es porque das credibilidad a tus pensamientos. Todo lo que te hace sentir mal, no es más que un juicio sobre algo que está en tu vida.
Nunca necesitas algo, tú crees que necesitas algo. El deseo sólo existe en tu mente, aporta respaldo a la separación. Que desees algo garantiza la seguridad, estabilidad del EGO.

> **Si quieres cambiar algo, ocurre lo mismo. No puedes cambiar lo que es hacia lo que no es. No existe espacio para ese cambio.**

> **El cambio desde un proceso no racional surge, no se hace.**

La llave del sueño.

¿Cómo solucionar cuando te sientes mal?
Para resolver un problema generado por un pensamiento, (algo que no existe) no podemos resolverlo con otro pensamiento, sino con el deshacimiento del pensamiento.

Para ello, en vez de rechazarlo, he de acercarme al pensamiento, permitirle existir sin rechazo, integrándolo como parte de la existencia y....ocurre algo.
¿Y cómo deshago las estructuras de distancia y juicios para llegar a la esencia?
Mediante el sueño no pensado.

Desear soñar sin definir nada, asociado a la aceptación de la presencia. No hay nada que cambiar.

Localizando el doble bloqueo o el bloqueo múltiple.

Es muy posible que os veáis reflejados en algunos puntos de los que se han tocado, en unos más que en otros o en todos. Podéis intentar sentir cual es el modelo de configuración de vuestra distancia, y escribirlo, aceptarlo e integrarlo. No siempre te permite el Ego acceder a esta claridad, ya que si lo consigues pasa a existir la posibilidad que dejes de creer lo que eres y desaparezca la distancia. En cualquier caso, si necesitas ayuda puedes pedirla a través del correo electrónico que dejamos abierto.

La decisión.

Este punto está muy relacionado con el último ejercicio, tomar las riendas de tu vida.
La única forma de salir de esta estructura mental en la que vivimos y en la que nos educaron, es mediante la toma de LA DECISIÓN de dejar de hacer lo que veníamos haciendo hasta ahora mismo. Pero

cada uno la toma en su momento, que suele coincidir con el instante en que se reconoce que si seguimos por el mismo camino no vamos a ser muy felices. Y siempre ocurre AHORA.

¿Y cuál es al decisión que hay que tomar?

1.-No desear cambiar nada, es decir, reconocer que todo es perfecto tal y como es, ya que si lo percibimos como malo, es camino de aprendizaje y si lo percibimos como bueno, déjalo estar.

2.-No juzgar nada ni nadie.

3.- No crear distancias.

4.-No luchar, ya que si lucho es por que creo que hay algo fuera de mi, distante a mi.

Ejercicios prácticos:

Pr-esencia

Los ejercicios prácticos, son herramientas que nos pueden ayudar a deshacer los procesos mentales que están afectando a la forma en que vivimos nuestra vida. De una u otra manera nos van a servir para acercarnos al instante en que tomamos la decisión, y eso sólo puede ocurrir AHORA.

No existe un criterio, una forma estricta para aplicarlos, cada persona necesita una visión personal que no es aplicable de la misma manera a otra.

Esto no quiere decir que seamos distintos, ya que como creemos, somos una unidad. Lo que ocurre es que cada persona teje su separación, con un formato y en eso sí somos distintos. El ego nos configura y nosotros vamos a desconfigurar sin esfuerzo.

Vamos a trabajar en deshacer nudos tejidos durante toda nuestra vida.

No hay ningún ego que sea igual; puede ser que te recuerde uno a otro.

Pr-esencia

Apnea.

Habitualmente respiramos de forma acelerada e introducimos en el organismo más aire de lo que éste realmente necesita.

Nos estresamos y debido al estilo de vida que nos marcamos, aceptamos este nivel de actividad (estrés) como algo totalmente normal.

El ejercicio que proponemos consiste en reducir la entrada de aire en el organismo de forma controlada para equilibrar este proceso y llevarlo a estados de relajación. Nuestro organismo es capaz de funcionar con dos tercios del oxígeno que utilizamos.

La apnea nos facilita la reducción de una hiperventilación, consiguiendo que el organismo esté menos acelerado y más relajado.

Suele ser muy útil en estados críticos, ya que nos ayuda a tomar las riendas y parar una dinámica prolongada de malestar.

Mediante la apnea pretendemos reducir La hiperactividad de pensamientos, porque el organismo redistribuye el reparto del oxígeno centrándose en las funciones básicas de manera prioritaria. Es curioso, la vida defiende la vida y no al pensamiento (ego).

Para trabajar con las apneas, es más que conveniente tener personal cualificado que tutele el ejercicio, aún siendo sencillo, se debe hacer de manera controlada.

Atención: En el caso de dolencias físicas, ha de ser controlado por su personal facultativo y en caso de embarazadas, o mujeres que pensasen que pudieran estar embarazadas, está totalmente prohibido hacer este ejercicio. No haga este ejercicio si pudiera sentir o pensar que no le va a venir bien. No está diseñado para perjudicar a la salud.

Un ejercicio de apnea se podría hacer de la siguiente manera:

Sentarse en postura cómoda y relajada
Hacer varias respiraciones completas. (Dos o tres).
Inhalar profundamente, retener la respiración hasta que se pueda, controlando la duración de la apnea.
Volver a respirar suavemente, intentando utilizar cantidades de aire un poco menores de lo habitual.
Repetir el ejercicio pasados unos minutos.
Hacer un seguimiento de la duración de las mediciones.
La práctica me ha llevado a observar que conforme se van haciendo series de apnea, la duración de éstas aumenta. Probablemente por que al estar más tranquilos el cuerpo consume menos oxígeno permitiendo así que la apnea dure más .
Cuando me refiero a que las series han de ser controladas, pretendo decir que este ejercicio no ha de convertirse en una obsesión, que se trata de una herramienta de trabajo de la que hay que hacer uso de forma esporádica y sí es especialmente recomendada en situaciones de estrés.

Hacer el mapa de mi vida.

Pintar, escribir, en un papel o cartulina grande, lo que me gustaría que fuera mi vida, de forma muy detallada.
Desglosada en:
Ingresos, definir el importe diario, semanal o mensual y cómo conseguirlo.
Salud, estabilidad familiar, viajar, aprender, ayudar.
El desapego.
La coherencia para gestionar la abundancia.
El tiempo libre. Cómo y dónde disfrutarlo.

Dónde vivir, de manera muy detallada.

Relación con los demás.

Y todo lo que se te ocurra.

Este documento lo doblamos en partes y lo metemos dentro de un libro que sea importante para nosotros y nos olvidamos de él.

De esta manera elevamos una petición, sin saber a quién, ni para qué, ni siquiera si algún día se cumplirá.

Lo importante es que de alguna manera dejamos hecha la petición en firme y a partir de este momento podemos dejar de preocuparnos por intentar cambiar nuestra vida, o de intentar conseguir cosas que no tenemos.

Si ya lo hemos pedido, creo que no tenemos que volver a hacerlo.

Con este ejercicio, conseguimos relajar nuestra mente, para que deje de intentar cambiar tu vida.

Pasados unos años, muchos, podemos buscar el documento y ver qué ha pasado.

Desear soñar. Soniis uti iucundisimis (tener sueños bellísimos).

Repetir la frase "deseo soñar". El objetivo es crear un espacio mental en donde nos abramos a la posibilidad de que pueda ocurrir cualquier situación. De esta manera dejamos de intentar controlar nuestra vida.

Dar espacio a la vida y no a la vida pensada. Y...... asombrosamente, ocurren cosas.

¿Estamos dispuestos a vivirlas?

No quiero dejar de hacer hincapié en este ejercicio, ya que aunque parezca una tontería, **es la llave que permite conectar con la**

posibilidad de que pueda ocurrir cualquier cosa.

Podría ser interpretado como la llave que te permite salir de tu zona de confort, a través de una ventana y que te conecta con ese mundo no pensado que es tu VIDA, y no la vida pensada.

Un ejercicio de desear soñar se podría plantear con la repetición de la frase DESEO SOÑAR varias veces al despertar, al comer, en el trabajo, entendiendo por varias veces cuatro o cinco veces al día.

No se trata de convertir el ejercicio en una obsesión, ni de pensar que te va a resolver tus problemas.

Hay que hacerlo sin esperar nada, sin esperar ningún resultado, no ahora, ni mañana, ni el mes que viene.

La falta de intención es una pieza fundamental en este proceso. Nuestro mecanismo mental se activa constantemente con intenciones, y éstas van asociadas a la voluntad de cambio, es decir, reconocer que hay algo que está mal y que hay que cambiarlo. Este proceso nos lleva a un proceso mental del que "pretendemos" salir. ¡¡¡¡Ja!!!! Veis, el mismo proceso mental crea bucles intentando cambiar. El cambio no es haciendo, sino des haciendo. No hay que pretender salir de nada, no hay pretensión. Es desactivar el proceso mental.

Es un concepto sutil.

A ver qué ocurre!!!

Desarrollar la capacidad de asombro. Recuperar la inocencia.

Este ejercicio consiste en abrir bien los ojos, los oídos y todos los sentidos para estar preparados a percibir cualquier cosa que ocurra en tu presencia y asombrarse por la cantidad de estímulos que somos capaces de percibir, que en estado habitual descartamos y no apreciamos.

Forma parte de una consecuencia del ejercicio anterior (desear soñar). Una vez que estamos dispuestos a no pensar nuestras vidas, si interpretamos lo que vemos desde un formato mental, estaremos juzgando todo lo que nos surja bajo el criterio de nuestra experiencia pasada. Es decir: deseo soñar y empiezan a ocurrir sueños en nuestra vida, pero esos sueños los vivimos desde un formato mental, los juzgamos.

Ejemplo, aparece un perro en nuestra vida dentro del parámetro deseo soñar y utilizo recuerdos de archivo pasado, en el que un perro se me acercó y se comió la hamburguesa que tenía en la mano. Luego de inmediato al ver el perro, revisaré si tengo algo de comida al alcance del perro y la esconderé.

Éste sería el formato de pensar las cosas que ocurren, y si aplicamos el ejercicio que proponemos "a ver qué ocurre".

Pues veríamos aparecer en nuestra vida un perro y... no sabremos qué va a ocurrir. Practicamos con una actitud de asombro ante cualquier comportamiento, considerándola como nueva. Y poniendo todos nuestros sentidos a captar cualquier "presencia que pueda presentarse". Y lo pongo entre comillas porque no se cómo explicarlo.

Hacer todo más lento.

Para, para, para, para, observa qué nivel de alteración hay en tu mente, con qué velocidad estás haciendo las cosas. Existe una manera distinta y pudiera ser que fuera, te ayudase a vivir mejor.

Existe una filosofía de vida "slow". Aplícala.

Hacer todo más lento fijándote en la respiración, en la posición de los brazos, el movimiento de los músculos, sintiendo, percibiendo el entorno en el cuerpo.

Puede ser en cualquier momento del día, e incluso prolongarlo a todas las actividades del día. Curiosamente, no por hacer las cosas más lento se hace menos. Al principio tienes la sensación de que no vas a poder terminar las tareas, pero después el proceso se ajusta.

Este ejercicio, altera los ritmos consiguiendo tener más percepción de la presencia. Y sin duda alguna, éste es nuestro objetivo, (que no hay objetivo).

La conexión. Coherencia cardíaca.

Este ejercicio trata de equilibrar mediante la respiración, la mente con el corazón. Para practicarlo te recomendamos acudas a la información existente de "The heart maths institute". Que son los creadores del método.

Vivir "el miedo". Vivir la vida.

Este ejercicio sólo se puede poner en práctica si te encuentras ante una situación que te genera miedo.

La primera parte del ejercicio es reconocer que se está sintiendo una sensación.

Que esta sensación no es nada agradable.

Reconocer que esa sensación desagradable surge de forma involuntaria.

Reconocer que esa sensación desagradable e involuntaria está asociada a la incertidumbre de que pueda ocurrir algo.

Reconocer que esa sensación desagradable e involuntaria asociada a la incertidumbre de que pueda ocurrir algo es un juicio de dicha incertidumbre.

Que ese juicio sobre la incertidumbre es negativo, desagradable, e incluso puede llegar a ser pensado como bloqueante.

Reconocer qué posibilidades pueden ocurrir en la situación que estamos sintiendo o padeciendo.

Por ejemplo voy a montarme en un avión y ...

Siento una sensación desagradable.

Reconozco que es involuntaria o automática.

Reconozco que está asociada a la incertidumbre de que se estrelle el avión o que no se estrelle.

Reconozco la situación como bloqueante.

Y sé que el avión se puede estrellar, o puede que no se estrelle.

Ahora tengo que reconocer que la incertidumbre forma parte de la esencia de la vida.

Luego tengo que reconocer que efectivamente el avión se puede estrellar, pero igualmente tengo que reconocer que puede que llegue al destino sin problema.

Bueno, imaginemos que se estrella. Ya está, se ha estrellado. Y la pregunta es: ¿si el avión se ha estrellado y soy un superviviente del accidente, estoy dispuesto a vivirlo? En caso de fallecer, no tengo que preocuparme de nada.

La otra pregunta es: ¿si el avión no se estrella y llega a su destino, estoy dispuesto a vivirlo?

Perfecto. La vida va ocurriendo. En ella puede ocurrir cualquier cosa.

Me siento mal porque juzgo que puede ocurrir cualquier cosa, es decir, juzgo la incertidumbre.

¿Pero si lo que estoy juzgando es la incertidumbre y la incertidumbre no ha ocurrido? (no existe).

Estoy juzgando una característica básica asociada a la vida, que es la incertidumbre.

Y además, la incertidumbre no existe (porque no ha ocurrido).

Ya he aprendido todo el proceso y lo he respirado. He deshecho el malestar y continúo mi vida.

Pasado un tiempo, me sigo sintiendo mal ante una situación de incertidumbre, pero no sé porqué.

Tengo el hábito de sentirme mal en estas situaciones.

Perfecto, ahora me tengo que dar cuenta de que en estas situaciones me siento mal.

Ya sé que no tiene sentido que me sienta mal por la incertidumbre, pero sigo sintiéndome mal.

Perfecto.

Ahora me voy a la situación de incertidumbre.

La observo y acepto que mi vida es incertidumbre.

Observo que estoy juzgando la incertidumbre como mala.

Entiendo que el error está en este juicio.

Decido empezar a no juzgar esta situación y ver que forma parte de mi vida.

Desearía que esta situación formase parte de mi vida constantemente, porque significa que estoy vivo. Y si no llego a estar vivo no podrían ocurrir cosas.

Ahora dejo de desearlo y simplemente lo vivo como tal.

Y la práctica me va a ir modificando el hábito educacional del rechazo a la incertidumbre.

Poco a poco, instante a instante.

Curioso, no he cambiado un juicio negativo por otro positivo. Lo único que he hecho es dejar de juzgar.

Si hubiera cambiado el juicio negativo por otro positivo,

probablemente habría conseguido un cambio temporal, hasta que mi energía volviera a integrar factores juzgables como negativo.

Sería cuestión de tiempo.

Luego si hay juicio, hay problema.

Si no hay juicio.... Puede ocurrir cualquier cosa y ¿estoy dispuesto a vivirlo?

Siiiiii, graciassssss, por favorrrrrr.

Coger las riendas de tu vida.

En este punto vamos a hacer una síntesis de todos los anteriores y vamos a destacar que sólo TÚ, eres el único que puede dar sentido a todo lo comentado.

Se trata de que hemos adquirido unos hábitos desde que nacemos que tenemos que aprender a deshacer.

En mi vivencia personal, no es un proceso que se desmonte en un solo instante, ya que deshacer el hábito conlleva una actitud especial. Bajo mi experiencia, me recuerda a la sensación de dejar de fumar. Primero había una decisión y detrás de esta decisión había unos cambios de actitud de comportamiento en donde tenía que ser inflexible, si no fumo no fumo, si no juzgo, no juzgo si no pondero la distancia por que no existe, pues no lo hago.

Si no hay decisión...

Nadie va a deshacer tus pensamientos para que te encuentres en un camino de unidad y coherencia.

Nadie va a deshacer el miedo, la culpa, la responsabilidad, ni la distancia, ni la vergüenza.

En este momento te encuentras sola/o contigo misma(o).

La integración, percepción de esencia.

Pr-esencia

Enumeramos todos los puntos útiles del texto, los alineamos y resumimos en presencia.
Todo se resume en ..... Respirar.
Que es lo único que somos.
La distancia, no existe.
El tiempo, no existe.
El tiempo pasado, no existe.
El tiempo futuro, no existe.
Pensamiento. No existe.
Vulnerabilidad, no existe.
Juicios, juzgar, no existen.
El miedo, no existe.
El rechazo, no existe.
Todo esto no existe. Lo que no es, no es.
Luego sólo nos queda lo que es.
Y lo único que somos es.....
RESPIRACIÓN

La realidad tal y como la vivimos (las leyes metafísicas de Newton).

Si, parece muy fácil y con esto ya hemos terminado, pero la "realidad" es otra. Cuando escucho la información recibida, la reconozco, la siento, me hace sentir bien y me siento identificada/o. Con cada palabra, idea, planteamiento del texto se han ido abriendo "esperanzas", posibilidades, sentimientos afines, me hace sentir, rozar la coherencia, sentir la consciencia darme cuenta que hasta el día de hoy he estado "equivocando" mi la vida.

Me levanto de la silla, cama, sofá y camino, cojo el autobús, coche, tren o bicicleta y me muevo en mi vida de un lado para otro. Nada ha cambiado, salvo mi percepción de todo lo que me rodea. Me siento rara/o, tengo la sensación de que, no sé como explicarlo, pero es eso, la sensación de sentirse distinta/o.

De repente viene mi amiga/o, hermana/o, pareja, padre o madre, compañera/o de trabajo, vecina/o se acercan y no me reconozco en ellos, veo la distancia, los siento distintos a mi y me hacen sentir nerviosa/o, enfadada/o, insegura/o, vulnerable, culpable, apenada/o, abandonada/o...y no se que ha pasado, pero estoy otra vez en el mecanismo mental de siempre.

No podemos negarlo, pero esto "es así". La experiencia acumulada trabajando en el acompañamiento de personas funciona bajo estos parámetros. Aquí tenemos el Ego paseándose de nuevo a sus anchas en todos los elementos del escenario, empezando por el que escribe. Para entenderlo recurrimos a la primera ley de Newton, principio de inercia.

> Todo cuerpo que no está sometido a una interacción (cuerpo libre o aislado) permanece en reposo o se traslada con velocidad constante.

Estamos acostumbrados a actuar de una manera determinada, y al igual que con las leyes físicas de la energía, podemos transpolar el enfoque a la metafísica, de nuestros pensamientos y hábitos energéticos.

Por este motivo podemos llegar a plantearnos cuál sería el proceso de actuación para llegar a parar este proceso. Y la respuesta, no la sé. No la sé en el sentido que esperas. Ahora estamos viendo las leyes de Newton aplicada a la dinámica de los pensamientos y reconocemos que el hábito de pensar, juzgar, crear distancia está en un proceso de inercia y que mientras no lo sometamos a una **interacción**, va a seguir igual.

Tenemos que dejar bien claro, que bajo nuestro formato de trabajo la **interacción**, no es más que deshacer y no luchar para derrotar. Estamos, o más bien **somos** para deshacer la distancia, ya que si deshacemos la distancia el movimiento no existe. De esta manera deshacemos la inercia. Y si deshacemos la inercia.....

Durante todo el libro se han ido planteando **interacciones** dirigidas encaminadas a deshacer este mecanismo y para ser honestos, sería muy raro que alguien hubiera conseguido parar su inercia sólo con la lectura de este texto (aunque no es imposible, ya que hay parámetros suficientes para hacerlo).

Me gustaría definir la segunda ley de Newton para seguir avanzando en la materia.

Se define **fuerza F** que actúa sobre un cuerpo como la variación instantánea de su momento lineal.

Una fuerza representa entonces una interacción, si no hay interacción estamos en la inercia de pensamientos (primera ley), motivo por el que no paramos de pensar.

Sustituyendo la definición de momento lineal y suponiendo que la masa de la partícula es constante, se llega a otra expresión para la segunda ley:

$$\vec{F} = \frac{d}{dt}(m\vec{v}) = m\frac{d\vec{v}}{dt} = m\vec{a}$$

Comentaros algunos aspectos de esta ecuación:

○ La aceleración que adquiere un cuerpo es proporcional a la fuerza aplicada, y la constante de proporcionalidad es la masa del cuerpo.
○ Si actúan varias fuerzas, esta ecuación se refiere a la fuerza resultante, **suma vectorial** de todas ellas.
○ Esta es una ecuación vectorial, luego se debe cumplir componente a componente.
○ En ocasiones será útil recordar el concepto de componentes intrínsecas: si la trayectoria no es rectilínea es porque hay una aceleración normal, luego habrá una también una fuerza normal; si el módulo de la velocidad varía, es porque hay una aceleración tangencial, luego habrá una fuerza tangencial.
○ La fuerza y la aceleración son vectores paralelos, pero esto no significa que el vector velocidad sea paralelo a la fuerza. Es decir, la trayectoria no tiene por qué ser tangente a la aplicada.

Esta ecuación debe cumplirse para todos los cuerpos. Cuando analicemos un problema con varios cuerpos, deberemos entonces tener en cuenta las fuerzas que actúan sobre cada uno de ellos y aplicar la ecuación por separado.

Y para poder entender este planteamiento, tenemos que matizar que el concepto masa, desde nuestro enfoque no es más que la densidad energética y que podemos entenderlo como la cercanía a la esencia. Es decir, cuanto más cercana a la esencia sea nuestra creencia de distancia, más densidad, más "masa" tendrá nuestra partícula. Y **creo** que la aceleración debe ser la intención.

Con este planteamiento, tendremos que considerar que para llevar una dinámica de pensamiento a un estado de reposo, vamos a tener que aplicar varias fuerzas y en distintos instantes. Entendiendo por fuerzas a aplicar como deshacimientos de pensamientos. Desconfiguración de distancia.

En ocasiones tendremos que corregir fuerzas tangenciales y sobre todo tendremos que verificar la trayectoria.

Esto nos hace sentir que para parar una dinámica de pensamientos, creencias y distancias, tendremos que trabajarlo en un formato de ACOMPAÑAMIENTO INTEGRATIVO.

Cuando tutelas a alguien para que pueda sentirse, respirarse, despensarse, ves con claridad lo que acabo de plantear. Siempre es fácil, tan fácil como dejar de fumar, y sobre todo, en el momento que sientes los resultados no entiendes por qué te mantenías en esa dinámica. Lo mismo que ocurre cuando dejas de fumar, que cuando pasas la fase de dependencia, sientes que no entiendes por qué te dejabas someter a semejante basura, pestosa y tóxica práctica.

Esto es muy alentador, pero aún hay más y también es mejor.

La tercera ley de Newton

> Si un cuerpo ejerce una fuerza sobre otro, este último ejerce sobre el primero una fuerza igual en módulo y de sentido contrario a la primera.

Esta es la ley de acción reacción, y la vamos a disfrutar más de lo normal. Por que va a ser la herramienta con la que podemos obtener más autonomía correctiva en los estados de inercia con intención de llevarlos a reposo. Lo explico:

Con la primera ley reconocemos la existencia de un estado de inercia o de un estado de reposo de pensamientos, es decir, la partícula ser humano llamado X tiene una dinámica de pensamientos que le apartan de la esencia y se encuentra en una situación que no consigue parar.

Con la segunda ley de Newton vemos que se puede interactuar con el ser humano X aplicándole todo tipo de fuerzas (deshaciendo distancias), con su intención y dirección. Que no es más que lo que llevo haciendo desde el principio del texto esperando que reacciones y te pares de una vez. También es lo que hago en todas las terapias, delimitar las inercias y sentir como redirigir, deshacer distancias. Los resultados suelen ser expectaculares, pero siempre falta algo.

La tercera ley de Newton es la que nos sirve para avanzar personalmente desde dentro. Y es tan fácil.

Imaginemos que soy una partícula ser humano X, que sé que voy en una dinámica de inercia determinada y soy consciente de que me hace sentir mal.

Si me siento mal debe ser por que no estoy yendo en la dirección correcta.

Si detecto que siento odio, rechazo, asco, repulsión, hacia alguien o hacia algo, ya puedo tener muy claro donde, cómo , cuándo se activa el proceso de creación de distancia de mi Ego. ¡Genial!

Creo que sólo me hace falta hacer algo más; aplicar la tercera ley de Newton, que repito "SI un cuerpo ejerce una fuerza sobre otro, este último ejercerá sobre el primero una fuerza igual en módulo y de sentido contrario a la primera".

Y la pregunta que nos toca hacernos es: ¿qué tipo de fuerza tenemos que aplicar y hacia dónde?

Y la respuesta correcta es muy bonita. La fuerza que vamos a aplicar en todos los casos va a ser el amor (como esencia donde no hay distancia) y la vamos a aplicar en la dirección que nos está haciendo sentir mal. Porque si lo que pretendo es cambiar el sentirme mal por sentirme bien, sólo lo conseguiré si aplico amor, ya que según la tercera ley de newton, voy a recibir la misma fuerza pero en sentido contrario.

Luego cuando me siento mal, tendría que revisar qué tipo de fuerza estoy enviando hacia fuera, qué tipo de distancia estoy creyendo que genero, ya que probablemente el origen esté en mi. Y la única forma de corregirlo va a estar también dentro de mi.

Me recuerda a la teoría del espejo.

Éste modelo de trabajo me da autonomía de corrección de desviaciones.

Visto este planteamiento, me queda plantear una pregunta:

¿Existe realmente el reposo?¿Se puede deshacer la distancia de forma absoluta? Y la respuesta es bien clara, en la integración, en la unidad, SI. Sólo desaparece cuando se cree que se genera algo de distancia, por pequeña que sea.

Luego el reposo es en si mismo, y la inercia, el movimiento, el tiempo son creencias, configuradas por nuestro pensamiento racionalidad como forma de entender lo que percibimos como "real".

El intervalo es sólo la creencia de distancia temporal o física entre dos observaciones distintas que no existen en la unidad.

Conclusión:

Y como conclusión, nada de lo hablado o comentado es importante, lo único importante es... Respirar, vivir, reír. Disfruta y sé feliz.

Disfruta de la vida!!!! Y recuerda desear soñar!!!!

Gracias mil.

Pr-esencia

Nota final de texto.

Si consideras realizar algún comentario, sugerencia o aclaración acerca del texto, pongo a disposición el siguiente correo electrónico:

esenciapresencia35@gmail.com

Me encantará atenderlos todos.

Pr-esencia

Pr-esencia

Pr- esencia

Índice

Pr-esencia

¿Se puede dejar de creer, de pensar, para acercarte a la presencia? Pag. 43

Iniciando procesos

Deshaciendo y actuando: Pag. 71

Pr-esencia

Pr-esencia

Seguimos avanzando

El estado vibracional nos estructura en sólido, fluye en líquido y es en gaseoso.

El tiempo en la esencia no es.

Volviendo al símil mar amor (esencia), el agua en estado sólido cristaliza estableciendo estructuras fijas, que serían nuestros pensamientos y sus proyecciones, que al deshacerse fluyen.

La vibración pulsante en estado sólido está condicionada a las estructuras (pensamientos o proyecciones de estos) que nos "alejan" (creencia de distancia creada por nuestra mente EGO) de nuestra esencia.

En relación a la variable tiempo, sólo existe desde la estructura cristalina vibracional sólido.

El estado líquido (presencia) es fluir y el gaseoso ES.

Pero al no existir el tiempo en la esencia, tampoco existe la presencia. Este concepto vuelve a ser un estado mental. Y con esto estamos en los límites de la estructuración mental. (la verdadera puerta a salir de la zona de confort). Recordar el concepto que planteamos de liberación, se salía de parámetros.

Al buscar la presencia, intentamos salir de una estructura mental para llegar a otra (más simple). Y "donde tenemos que llegar" no hay estructuras. Aunque ya estamos en ella. (agito la cabeza y no sé de qué estoy hablando). Perfecto, si es así, pudiera ser que fuera que estamos (presencia) y somos (ésta es la posición).

Tenemos la estructura mental de que hay que posicionarse: Ahora es en el presente. Y tampoco hay que posicionarse en el presente. Sólo hay que des estructurarse, para SIMPLEMENTE SER.

GRACIAS.

Pr-esencia

NOTAS PERSONALES:

_____
_____
_____
_____
_____
_____
_____
_____
_____
_____
_____
_____
_____
_____
_____
_____
_____
_____
_____
_____
_____
_____
_____
_____
_____
_____

Pr-esencia

Pr-esencia

Pr-esencia

www.ingramcontent.com/pod-product-compliance
Lightning Source LLC
Chambersburg PA
CBHW060119050426
42448CB00010B/1942